Hildegund Kemper

In Erwartung der Nacht

Hildegund Kemper

In Erwartung der Nacht

Lyrik

Treibgut Verlag

Titelfoto: © Frank Schroeder, Berlin

ISBN 978-3-947674-15-2

Impressum

1. Auflage 2010

Umschlaggestaltung, Layout und Satz:
Frank Schroeder, Berlin
Druck und Bindung: SOWA

Treibgut Verlag
www.treibgut-verlag.de

Gedichte

Alltäglich

Und wieder
ein Lächeln
empfangen
einen flüchtigen
Blick lauter
verbotene Früchte

brennende Zeichen
gesetzt gegen
den Strom
heimlich mit
klopfenden Herzen

wieder ungeschützt
die Brücke betreten
aus Hoffnung
gebaut und Luft

vielleicht trägt sie
ja morgen
noch immer
wir tanzen

In bleierner Luft

Aufbrechen
immer wieder
sich aufmachen
mit erhobenem Blick
und losgehen
mit blutendem Herzen

Dreh dich nicht um
Frau Lot

Signale lesen
in bleierner Luft
auf weißen Mauern oder
in grauen Gesichtern

alles Leben
am Wege verzeichnen
dünnhäutig und immer
auf fremder Spur

Im Gepäck
alte Tränen und
Brandwunden hinter
den Augen

Schreiben

Bin verloren
gegangen
zwischendurch
irgendwann
während
inmitten
eben unvermittelt
fällt es mir auf

Noch hat es
keiner bemerkt
ist alles
in Ordnung

Widerstand
leiste ich nicht
aber nichts
 hält mehr stand

Werde mich nun
zusammenschreiben
nachts
hinter der Mauer
immer am Herzschlag
entlang

Abschied

Am Tage des Abschieds
kehr ich zurück
zu den Meeren

öffnet die Türen danach
nehmt die verborgenen Dinge
all meine zärtlichen Lieder
vertraut sie dem Wind

Nur keine Scheu
euer Blick kann
mich nicht mehr
verletzen

Verschieden zu sein
schließt ja
Verschiedensein aus

Am Tage des Abschieds
erreichen die Tränen
das Meer

Am Fenster

So auf dem Sprung
stehe ich hier
hoch oben
weit hinaus gelehnt
aber noch immer
auf festem Grund

Spüre den Südwind
im Haar
lausche dem Lockruf
der südwärts ziehenden
Vögel und hefte mein
Herz der Fährte des
fliehenden Wildes an
voller Sehnsucht

trete dann traurig
den Rückzug an
rechtzeitig
vor dem Absturz
oder dem Fall ins Freie
ins Leben

Angst

Alleine sein
Niemandem trauen
Gewalt fürchten
Schweigen ohne
Trost

Ankunft

Ankommen und stehen
Auge in Auge
angesichts eurer Not

Das Mitleid in der
Faust und den Zorn
das blutende Herz
tief verborgen
die Seele

Helfen wollen und
nicht wissen wie
trösten wollen und
keinen Trost finden

zuletzt sich abwenden
ratlos und fortgehen
den Mund voll
wertloser Worte

Außerhalb stehend

Leben
Vergangenheiten
nachziehen und
sich weiterhangeln
von Ablösung
zu Ablösung

Immer wieder
kaltfingrig anknüpfen
und Halt suchen
am Klang des
Herzschlags entlang

Zuletzt immer
wieder auflaufen
anprallen
abgleiten
an Erinnerungen

Frieden

Die tödlich getroffene Taube
brachte den Frieden nicht

Der Morgen sagt es dem
Abend und dieser der Nacht
der Frühling sagt es dem
Sommer und dieser dem Winter
die tödlich getroffene Taube
brachte den Frieden nicht

Ihr seid wo immer ihr wandelt
im Fadenkreuz
Hütet euch vor
den Menschen
Wer aber singt uns
das Lied vom Frieden

Frieden der wohnt
auf den Friedhöfen
und die an Gräbern weinen
können ihn spüren aber
die tödlich getroffene Taube
brachte ihn nicht

Gestrandet

Bei Nacht den Strand entlang
zu gehen so zu stranden
den Muschelschalen gleich
und auch den Wellen
die seufzend brechen
unter meinem Fuß

Ein Windhauch zieht
landeinwärts wie nach Hause
vom Himmel sehn
der Sterne blinde Augen
aus grenzenlosem Raum
auf mich herab

Gedichte

Sie
stehen
am Rande
der Sprache und
gehen ihr auf den Grund
ein Sirenengesang über dem Wasser

Nach ihnen kommt
nichts mehr
an

Guten Morgen

Vierzig Prozent der Bäume
sind krank.
Ein Ölteppich schwimmt
auf dem Rhein,
lese ich beim Frühstück.

Guten Morgen,
Herr Nachbar,
und frohes Schaffen heute.

Was liegt an?
Immer dasselbe.
Kommen wir zur Sache.

Herbstblatt

Das gelbe Blatt am Baum
weiß nichts vom Fallen.
Es fühlt sich warm an,
wenn die Sonne scheint,
und glänzt im ersten Froste
im November.

In einer Sturmnacht
tanzt es mit dem Wind.

Ein Filigranhauch
ist es im Dezember,
doch an dem Baume
neue Knospen sind.

Herbsttag

Vorbei die lauten Gesänge
des Herbstes

Regen
tropft ab von
den Zweigen
sinkt in die Erde
und sammelt sich
unter den Gräsern

Halme verneigen
sich tief vor
den Flöten
des Windes
sieh wie die bleichen
Halme erzittern
bald bricht sie
der Frost

Kerzen und Blumen

Ich will
nicht immer fischen
im Trüben
nicht aufrührend
der Schmerzen
trostlosen Schlamm

Kerzen will ich
und Blumen ans Ufer tragen
furchtlos tauchen hinab
bis auf den Grund
dann auf den Knien
im Schlamm
formen oder versinken

Krähen

Die Schar
der schwarzen Krähen
stößt herab
aus weißem Himmel
Herbstliches
stirbt lautlos

Hier löst ein Blatt sich
dort sinkt eine Blume
Gemäuer rieseln
unbemerkt
die Krähen
schwingen
rauhkehlig schreiend
drüber hin

Nachruf auf Heimat

Als Kind fand ich
Einschusslöcher
am Eingang und
Bombe war so
ein lustiges Wort

Graue Echsen
sonnten sich
in den Ruinen
wir hatten viel Zeit

Später brachen wir auf
und folgten den
fliegenden Fischen
dicht neben der Spur

Jetzt wohne ich
neben den Eichen
schlage meine Wurzeln
in den Wind und
heule des Nachts
mit den Wölfen

Aber im Traum
suche ich unter
den Steinen
nach Wärme
und folge dem
fliehenden Schatten
der Echsen
überall hin

Nacht

Sich aufmachen
gehen
dem Schlaf entgegen
oder dem größeren Bruder
der immer bleibt

Muskeln entkrampfen
Nerven entspannen
Atem einhalten
fallen lassen
loslassen
ablassen
vom Leben
alles im Griff

November

Die Bäume werfen Laub
und kleine Zweige
nach mir
Sie haben es gut
sie müssen nicht weiter

Ich wäre gerne ein Baum
dann hätte ich Wurzeln
Ich wäre gerne ein Vogel
dann hätte ich Flügel
und schwänge mich
auf mir lastet
das Ticken der Uhr
Immer muss ich
mich sputen
im Takt ihrer Zeiger
blieben sie stehen
ach
ich müsste doch weiter

Raumfahrt

Kosmonauten kehrten zurück
nach zweihundertfünfzig
Tagen im All

Astronauten verließen
am folgenden Tage die Erde
Wer aber rechnet die Kosten

Siehe auch sie
werden heimkehren
müde mit leeren Händen
aber bestaunt von der Menge

Wie ihr den Reichtum
der Erde so
sorglos vergeudet

Rezept

Am Abend einen
Schluck Wasser
nehmen
zwischen die
Zähne pressen
Auf die Zunge legen
und warten

die Wirkung spüren
wie alles Vorgekaute
Geschluckte
Hinabgewürgte
sich langsam löst

Dann tiefer
atmen und spüren
wie endlich die
Seele sich wieder
zu regen beginnt

Schmetterling

Schmetterling, wie schön du bist.
Bunt sind deine Flügel.
Alle sehen dich gerne an.
Blüten suchst du, nippst daran
und fliegst übern Hügel.

Einer stirbt und einer weint,
doch du fliegst vorüber.
Einer lacht und einer liebt,
einer nimmt und einer gibt,
und du schwebst darüber.

Schmetterling, ach, hinter Glas,
leuchten deine Flügel.
Wolken ziehen weiß und blass
über grüne Hügel.

Schule

Wir stehen uns gegenüber.
Ich stelle Anforderungen,
fordere sie, will sie fördern
um jeden Preis.

Sie gehen auf Schulterschluss,
reiben sich aneinander,
halten dem Druck stand,
werfen mit Worten nach mir,
zeigen mir, dass nichts
geht gegen sie.

Aber dann, unerwartet,
legen sie ihre Hand in meine,
lassen mich essen von ihrem Brot
und flüstern mir eine geheime
Formel ins Herz.

Seid nicht so sicher

Die prächtigen Möwen wittern
das Aas im Wasser als erste.
Noch vor dem Hai sind sie da.

Warum aber füttern wir
arglos die Möwen
und fürchten den Hai?

Seid nicht so sicher.
Öffnet die Fenster nicht,
esst nicht das Fleisch,
lasst nicht die Sonne
auf eure Haut.
Alles ist tödlich.

Briefe lasst ungeöffnet,
greift nicht zum Handy
und hört nicht hin,
wenn sie Nachrichten senden.
Schaltet die Fernseher aus,
alles kann töten.
Seid nicht so sicher.
Hütet euch vor den Möwen.

Umklammerung

Eingekeilt
angekettet
alles im Leben
hat seinen Platz

Blicken begegnend
Begegnungen suchend
oder die Wärme
einer gedachten Nähe
nur für Sekunden

Aber im Fortgehen
schwer daran tragen

Umklammerung
noch immer
nicht zu lösen

Vergittert

Hamster im Laufrad
rastlos rennend
sinnlos
ich

Träume im Sande
abgenutzte
suchen
dich

Gitter vor Augen
stählern starre
halten
mich

Tage im Laufrad
traumlos dunkel
gleichen
sich

Vogelvers

Der Rote Milan
landet nicht.
Lautlos schwebend
bleibt er immer
über den andern
und mir.

Manchmal wirft er
mit scharfem
Schrei
seinen Schatten
in unsere Träume.

Dann flüchten wir
unter die Bäume mit
klopfenden Herzen
und warten
auf bessere Tage.

Warten

Ich habe ein Wort
bereitgelegt
eine Botschaft
für dich oder einen
der Ausschau hält

Man hat einen Satelliten
entsandt
mit einer Botschaft
für intelligente Wesen
außerhalb der Erde

Ich warte auf dich
Alle warten auf Antwort

Irgendwo fern im All
warten vielleicht
seltsame andere Wesen

Winter

Kristall knirscht
unterm Fuß in
diesen Tagen
da schlafen
viele Träume
unterm Schnee
und viele
Fährten führen
in die Fremde

Nicht eine
aber kommt
den Weg zurück
wir warten
unterm Schnee
auf warme Tage
dann taut der
Schnee dann trinkt
die Erde Wasser

Dann wachsen wieder
Blumen und die Sonne
wärmt uns das Herz
dann hören
wir auch unsere
Stimmen wieder
und müssen
nicht nach Fährten
geh'n im Schnee

Glasaugen

Verweile in
der Innenräume Stille
das Sichtbare ist
nur der Wesen Hülle

Es eilt der flüchtige Blick
mit schnellem Schritt
kommt er aus einer
seelenlosen Mitte

Glasaugen lügen immer
sie sind arm
doch hinter geschlossenen
Lidern werden sie warm

Schwäne

Ihre weißen Schwingen rauschen wenn sie landen
am nächtlichen Weiher die Schwäne
dann zittert der dunkle Spiegel des Wassers
und lässt die Sterne tanzen

Auf schwarzem Wasser ruhen sie dann
den Kopf ins Gefieder gebogen
Lichtpunkte sind sie
schwebend zwischen den Sternen
unbehaust treibend
nirgends geborgen wie wir

Jugend

Sieh mich nur an
mit den lachenden Augen
der Jugend
noch ist mir der Duft
deines fliegenden Atems
vertraut

Reich mir die Hände
zum Tanz
auch ich war mal jung
wie ich die Leichtigkeit liebte
das Schweben im Takt

Wehe
du wendest dich von mir
ich kann dich nicht halten
ach dich erschrecken
die Falten in meinem Gesicht

Schau mich nur an eh du fortgehst
sieh wie du sein wirst
auch du wirst mal alt
willst du die Jahre genießen
seien dir Falten nicht fremd

Meine Ohren

Als ich ein Kind war
freuten sich meine Augen
immer am Zittern der Gräser
und folgten träumend
dem eiligen Schatten der Wolken

Jetzt schreibe ich täglich
mein Leben in den Wind
male die Tage blau
und knüpfe geheime Bande

Meine Ohren vernehmen
des Lebens Wimpernschlag
aber das tönende Schweigen
der Redenden
bleibt ihnen fremd

Als ich noch eins war

Als ich noch eins war mit mir
wusste die rechte Hand
was die Linke tat
und mit beiden Füßen stand ich
auf festem Grund

Doch dann warf ich einen Blick
auf euch da verlor ich den Kopf
Meine Hände begriffen nichts
und meine Füße machten sich auf

Nun liegt mein Lächeln immer
auf der Lauer
Mein Händedruck weist ab
und meine Augen blicken euch
mitten ins Herz

In Erwartung der Nacht

Vor stählernem Himmel
stehen die Schatten der Bäume
schweigend und schwarz
und drohen mit
Zweigen und Stamm

Lockende Laute klingen
von fern herüber
der Menschen Gesänge
und Lachen dazwischen
der Glocken Geläut

Dunkel ruht jetzt das Land
und aus den Gärten
strömt nun
der duftende heilende
Atem der Nacht

Sommer

Den fliehenden Wolken folgend
getragen vom Duft alter Rosen
liege ich träumend im Gras
lausche den Lerchen
und lasse alles
ruhen

Morgen ist auch ein Tag und
der nächste Winter kommt
bestimmt jetzt aber ist
Sommer den
ganzen
Tag

Im Garten spielt der Wind

Unter bedecktem Himmel
warten die Rosen
auf eine Wolkenlücke
für Sonnenstrahlen
wie ich

Der Wind
schaukelt im Birkenlaub
streicht übers Gras
lässt schwingen die Kelche
der Lilien
und nicken die Rosen

Vor dem Fenster
leuchtet im Grün
das erste goldene Blatt
nun kommt bald
der Herbst

Im Zug

Draußen rauscht
die Nacht vorbei
Lichter im Zug
im Flug im
Fensterglas
dein Gesicht
und andere
weiter

Augenblicke und
fremde Worte
zögernde Sätze
und Lachen
aber da bin ich
schon weiter
immer schon weiter
die Räder
rattern im Takt

Dass wir vergänglich sind

Dass wir vergänglich sind schärft meinen Blick
ergreift mein Herz lässt meine Seele schwingen
Dass wir vergänglich sind ergreift mein Herz
und meine Lippen müssen davon singen

Ich seh' im Sonnenlicht die Blätter glühen
Dem Wind voraus erzittern sie und fallen
Entlaubt ist nun der Wald die Vögel fliehn
Vereinzelt Schritte auf dem Pflaster hallen

Der Blüten bunte Kelche brach der Wind
Du siehst sie sinken und gedenkst der Lieben
die vor dir schon dahingegangen sind
Erinnerungen nur sind uns geblieben

Du siehst dein Antlitz in des Spiegels Rahmen
zupfst weiße Haare aus dem Kamm und sinnst
verblichene Menschen flüstern deinen Namen
Vom Ende her begreif was du beginnst

Rondell

Die Knospe schwillt
es wächst das Blatt
es färbt sich braun
dann fällt es ab

Das Blatt es fällt
und tanzt im Wind
es liegt im Gras
die Zeit verrinnt

Das Blatt im Gras
wird langsam Staub
Baum ohne Laub
die Knospe schwillt

Die Knospe schwillt
es wächst das Blatt
es färbt sich braun
dann fällt es ab

Alte Wörter

Ich liebe die alten Bilder so sehr
und altmodische Wörter
wie Herzenslust
und Innigkeit
wie säumen und
tändeln und kosen

Wir sind nicht gebettet auf Rosen
unsere Sprache hat stählernen Klang
ich friere von ihm
wer spricht zieht blank

Geborgen in meinem Schweigen
liege ich auf der Lauer
sammle alte Gedanken und ruhe
auf einem Lager aus alten Wörtern

Hoffnung

Halt zu finden im Wort
der letzte Versuch
die Dinge zu fassen
zu halten
wenn alles vergeht

Tränen und Schreie
verändern nichts
aber das Wort
ratend und tröstend
immer wieder das Wort
eine gestammelte
Hoffnung am Ende

Aber am Anfang
denk nur
als es uns und die Welt
noch nicht gab
war da das Wort
schwebend
über den Wassern

Zaunkönig

Hinterm Haus
liegt der Garten
liegt das Haus
lag das Glück

Tage und Nächte
gebettet auf Rosen
das Leben ein
lachender Traum
bis der Kuckuck kam

Hinterm Zaun
liegt noch der Garten
liegt noch das Haus
hinter verschlossenem Tor

Kein Erbarmen

Unter stählernem Himmel
fließt unser heißes Verlangen
blutrot brodelt es pulst
in den Straßen der Stadt

Steine klagen uns an
Feuer und Wasser und Wind
Alle der Erde geschlagenen Wunden
wird heilen die Zeit

Doch kein Erbarmen wird sein
mit uns unter stählernem Himmel
die furchtbare Woge wird kommen
und wüten in jeglichem Haus

Die Nachtkatze naht

Die Nachtkatze naht
lautlos auf samtenen Pfoten
Lauernd legt sie sich dann
in den Schatten der Stauden
schnurrend im dunklen Fell
breitet sich aus

Streicht danach übers Dach
mit glühenden Augen
birgt sich fauchend
hinter den Wolken und wacht
während der wütende Sturmwind
mit mächtigen Händen
unsere nächtlichen Träume
vom Leben zerschlägt

Am Flutsaum

Bräunlicher Streifen im Sand
trockene Algen und Muscheln
sperriges Strandgut

Meine Spur neben deiner
jetzt noch und jetzt
ehe das Wasser sie fortwischt

Denke nur so ist das Leben
kostbar und flüchtig wie
unsere Spuren im Sand

Flaute

Die zarten Birkenzweige
hängen still
Wie schwer die feuchte Luft
auf ihnen lastet

Die Fliege nicht
und nicht der Schnecke
Schleimspur
dringt da hindurch

In jede Pore drängt sich
diese Luft
versiegelt alles
Blüten Gräser Blätter

Atmen gelingt
Leben
nur singend
neben der Spur

Wir richten uns ein

Wir sind gegangen
über Glassplitter
verletzt
auf der Fährte
des Salamanders

Nun kühlt uns
der Tau wärmt
uns die Hoffnung

Wir richten uns ein
im Niemandsland
zwischen den Tagen

Wir sind wie Gras

Der niedergestreckte Baum
trägt eine hohe Zahl
grün aufgesprüht

Ich lege den Finger
auf seine Jahresringe
und lese von guten
und schlechten Jahren

Der Boden vergisst nichts
und das Packeis bewahrt
die Spuren
von Jahrtausenden

Wir sind wie Gras
unter den Füßen der Zeit
aber wir gehen nicht spurlos

denn nichts ist mehr so
wie es war
ehe wir kamen

Wisse die Frucht
vom Baum der Erkenntnis
wiegt schwer

Ratschlag

Schlag jetzt keinen
Pfahl ein nichts Festes
stell in den Strom
Treibend im Treibsand
im Treibeis schlag
keine Thesen an
Türen schlag
Türen nicht zu

Alles ist fließend
manches treibt so
vorbei anderes dreht
wendet sich wieder
und bleibt
schlag jetzt keinen
Pfahl ein und brich
keinen Stab

Frühlingsmorgen

Nun streicht die Sonne
übern Schnee
mit warmen Händen

Da beginnen die
Bäume zu weinen
und himmelweit klingen
die Kehlen der Vögel

Lasst uns nun öffnen
die Fenster
die Augen die Seelen
und atmen den Frühling
mit klopfenden Herzen

Er riecht nach Ozon

Neujahr

Mein Herz schlägt
im Sekundentakt
wie deins
und im Sekundentakt
verging das Jahr

Was immer kommt
ich weiß von wem es kam
so wie ein Sonnenstrahl
durch Wolken bricht
und wandert
als heller Streifen
leuchtend übers Land
so kommt und geht
die uns geschenkte Zeit
Wir gehen fort
und lassen keine Spur

Herr gib uns Kraft
auf deinem Weg zu wandeln
und Weisheit
ihn zu finden
in der Nacht
gib Demut und Geduld
wenn unsre Kräfte schwinden
und zeig wo wir nicht handeln
deine Macht

Wir wollen tanzen

Es steigt der Tag aus schweren Wolkendecken
Im Walde spielt der Wind mit welkem Laub
Wo kahle Bäume dürre Äste recken
liegt mancher Frühlingstraum zerstört im Staub

Doch horch ein Vogel singt im Strauche
der Knospen trägt am Wegrand blüht das Moos
und unbekannte Zauberkräfte ziehen
schon zarte Triebe aus der Erde Schoß

Nun heb das müde Haupt und lass dich rühren
Geliebter komm erwärme mein Gemüt
wir wollen tanzen und das Leben spüren
das in uns glüht

Geliebte Seele

Du gingst am Ende aller Wege
den letzten Schritt allein.
Ich blieb zurück, die Tage rinnen träge.
Wo magst du nun geliebte Seele sein?

Im kalten Ozean bewegen sich
Feuerquallen pulsend aus und ein
und ihre Fadenarme legen sich
tastend über Wasser, Sand und Stein.

So suchen dich Tentakel meiner Seele
an unsren Lieblingsorten jung gefreit.
Du fehlst mir so. Ob ich dir auch noch fehle?
Ach, alles Leben ist Vergangenheit.

Wie Pfützen in der Sonne Glut verschwinden
und aus den Wolken regnend neu erstehen,
so werden wir uns einmal wieder finden
und nie mehr auseinander gehen.

Hass

Hass der wohnt nah
beim Herzen und schaut
um sich mit glühenden Augen
die sehen nur halb

Einmal erwacht
nährt er sich schlürfend
aus purpurner Quelle
und wächst immerzu

Scheut nicht den Schmerz
aber leidet am eigenen Leide
Ist als ein finsterer Bruder
der Liebe verwandt

Verlorenes Paradies

Garten Eden ach
verflossen
dein Überfluss

Wir brachen all
deine Blüten
sie wurden zum
Grabschmuck

In deine Bäume
schnitten wir kühn
unser Zeichen
und fällten danach
unser eigenes Urteil
mit jedem Baum

Flammende Schrift
an der Wand
wer hat sie gelesen
Unsere Spuren
werden verwehen
im Sand

Traum

Ich träumte eine Wolke
zög über unsern Ort
und nähme Licht und Blumen
und alles Leben fort

Ich sah die Stadt verlassen
die Häuser menschenleer
und irrte durch die Gassen
und kannte sie nicht mehr

Nun steh ich neben allen
alleine in der Stadt
Das Wort ist mir entfallen
das uns verbunden hat

Jahreswechsel

Des Jahres letzter Tag ist angebrochen,
schon an der Schwelle steht das neue Jahr.
Wir wägen ab, was hatte es versprochen,
was brachte es, das unerwartet war?

Wir ziehen Bilanz, sind unterm Strich zufrieden,
obwohl so manche Rechnung offen blieb.
Vollkommenes Glück, wem ist es schon beschieden?
Du siehst die Löcher an und ich das Sieb.

Lasst uns voll Zuversicht das Neue grüßen.
Es wird vielleicht nur, wie das Alte war.
Doch wenn wir es uns Tag für Tag versüßen
mit Nächstenliebe, wird es wunderbar.

Nur Mut, mein Kind

Nur Mut, mein Kind, du musst hinaus ins Leben.
Die Tür steht offen, heb' den Blick und geh.
Wir wollen auf ein gutes Ende hoffen,
bis ich dich wiederseh'.

So viel gedacht, geplant, so viel begonnen,
und doch am Ende nichts davon getan.
Sei nur verzweifelt, mutlos, sei versponnen,
doch fang am nächsten Tag von vorne an.

Zu wissen, dass des Lebens Zeit verrinnt

Zu wissen, dass des Lebens Zeit verrinnt,
dass unsre Kräfte unaufhörlich schwinden,
ist meine Not.

Ich würde gern mit Muße alles tun
und hetze rastlos, sinnlos durch die Tage.
Wohin? Wohin?
Nur weiter, hin zum Grabe.

Vergilbtes Foto

Aus dem vergilbten Fotoalbum sehen
mich schweigend meine lieben Eltern an.

Sie sind nicht mehr. Erinnern heißt verstehen.
Was haben sie in ihrer Zeit getan?

Wir haben uns zu wenig angesehen.
Was würden sie zu meinem Leben sagen?

Könnt ich vor ihnen, lebten sie, bestehen?
Nun leider kann ich sie nicht mehr befragen.

Es ist in mir so eine große Stille

Es ist in mir so eine
große Stille
Ich habe nicht die Worte
es zu sagen

Ans Fenster hör ich
eine Fliege schlagen
Sie dringt wie ich
nicht durch

Da ist kein Weg hinaus
nur Wut und Wille
Sie müht sich so

Uns bindet gleicher Zwang
es ist in mir so eine
große Stille

Vorüber ist die Nacht

Vorüber ist die Nacht
mit ihren Sorgen
da schlaflos ich
an deiner Seite lag

Nun sei getrost mein Herz
es dämmert schon der Morgen
Gott schenkt uns wieder
einen neuen Tag

Die Nacht lag zentnerschwer

Die Nacht lag zentnerschwer auf meiner Seele
denn schwere Sorgen raubten mir den Schlaf

Schon wird es hell die erste Vogelkehle
verkündet zaghaft einen neuen Tag

Nun meine Seele öffne dich und lebe
getragen von der Hoffnung starkem Arm

Mit schwerem Flügelschlag

Mit schwerem Flügelschlag senkt sich die Nacht
Des Abends Flöten weinen in der Ferne
und lautlos leuchten über uns die Sterne
wie helle Augen einer großen Macht

All ihre Bahnen sind uns wohl bekannt
doch wer von uns weiß eh er ihn gegangen
in Lust und Leid Verzichten und Verlangen
des eignen Lebensweges Lauf und Rand

Was ist der Mensch?

Was ist der Mensch mit seinem Tun und Sinnen
Ein Körnchen ist er in der Wüste Sand
ein Tropfen an der Ozeane Rand

Und was er liebt das wird er lassen müssen
und was er hält das wird ihm fortgerissen
und was er sucht das wird er nicht gewinnen

Er möchte bleiben und muss dennoch fort
Dem Liebsten fremd dem Fremden unbekannt
muss er am Ende alles von sich lassen

Was aber wird er halten wird er fassen
wenn er erwacht an einem andern Ort
Ach wäre er am Ziel und würde eingelassen
und müsste nie mehr fort

Treibsand sind wir

Ach wir liebten die Erde so tief
gingen ihr auf den Grund
gruben uns tiefer
bis zu den köstlichen Quellen
drangen wir vor

Sie aber lachte die duftende Schöne
schenkte uns Blüten und Früchte
doch wir wollten mehr
und sie wehrte sich nicht

Nun ist kein Bleiben mehr
dort wo wir waren
als Flüchtlinge irrn wir umher
Getrieben wie Spreu im Wind

Schuldig sind wir geworden
Ach wären wir niemals gewesen
Winzige Körner sind wir
im Treibsand der Zeit

Spuren des Lebens

Spuren des Lebens des Liebens
sonnige Tage und Nächte
der Fülle und Not
Zu leben wird schwerer
mit jedem Tod

Ebbe und Flut
Ein spurloses Kommen und Gehen
wie Schatten von wandernden
Wolken über dem Land
Sag was wird bleiben von uns
wenn wir gehen

Fotos und Briefe
zeitlose Spuren des Lebens
der Liebe Vermächtnis vielleicht
Und einmal sagen zu können
alles war gut

Impressionen

1

Vom Wasser her hallen
im Nebel der Schiffe
dunkle Sirenen
klagend im Morgengrau
über den Dächern der Stadt

Lautlos taumelte eben
ein Blatt nieder und liegt
wie ein Reh
mit zerschnittenen Sehnen

Endlich steigt jetzt die Sonne
und hebt alle Straßen ins Licht
während der Spielmann
des Sommers am Tor
seine Geige zerbricht

2

Oh du glückliche zeitvergessende Liebe
sorglos tanzende trunkene Göttin des Glücks
Legst Zärtlichkeit in hart gegriffene Hände
lässt sie mit Locken spielen und füllst
trostlose Augen wieder mit Glanz

Die Lider sinken auf glänzende Augen herab
Plötzlich packen die kosenden Hände zur Kehle
und auf zusammengekniffenen Lippen
erstirbt ein Schrei

3

Schön ist die Straße im Regen
ein spiegelnder Fluss
Sieh wie die zarten
Zweige der Birken
wehen im Wind

Kahle Bäume stehen
an endlosen Straßen
wimmernd klingt aus
der Ferne in Kreischen
von leidendem Stahl

4

Traumloses Dunkel liegt
auf den Dächern
Die Turmuhr schlägt
wieder die Stunde

Heimatlose ziehen dahin
auf den Straßen
Die haben kein Ziel
keine Bleibe

Unheil nistet am Wege
legt sich wie Tau
auf die Stirnen

Von brüchigen Mauern
flüstert der lautlose Tod
Gelbe Lichter geistern
im Moor der Stadt

5

Diese Fensterscheibe
dem Regen trotzend
die Blicke wehrend
ist mein Schild

Die Häuser dahinter
all diese Gärten und Wege
führen ins Weite und sind
mir so fern

Ich warte am Fenster
starrend und zaghaft
Klopfzeichen gebend
dem Regen

6

Hier lebe ich von Wand zu Wand
im Zwischenraum der Wände
Ich weiß ich steh im Niemandsland
von Gegenstand zu Gegenstand
und hefte Bilder an die Wand
von einer Welt die ich nicht fand
im Zwischenraum der Wände

7

Wirbelnde Windbraut
tollkühn tanzendes
fliehend heulendes
vorwärts hastendes Weib

Über wundgescheuerten Dächern
schweigsamer Andacht spottend
reibst du an rauen Felsen dich
und schleuderst Berge von
schäumender Gischt übers Land

Schmiegst dich an Dünen
und hüllst dich lachend
in Schleier aus Sand
allen und niemandem gut
heulende Jammerbraut
eisig kosende Hure

8

Krähen schweben übers Land
Eis knirscht deinen Schritten
eine Herde Höllenmacht
ist auf dir geritten

Nimmer fühlen Freud und Leid
Sang aus toten Lippen
seelenloses Lallen steigt
heiser aus Gerippen

9

Gestern lag noch Schnee
doch über Nacht
hat ein milder Wind
ihn aufgesogen
und das braune Land
liegt nackend da

Und die Kraniche
sind aufgeflogen
heimwärts nordwärts
mit dem Wind gezogen
und die Flur ist endlich
aufgewacht

Wasser rinnt in
jedem Tal zusammen
steigt bedrohlich
sickert in die Keller
und die Herzen
schlagen plötzlich schneller

Und ein dicker Mond
hängt schweigend da.
Ströme reißen
ihre Ufer nieder
und so manches Haus
stand viel zu nah

10

Der Mond wirft
seinen weißen
Strahl nach mir
In dieser Nacht
hat alles einen Schatten
in dem ein andrer Schatten
Deckung sucht

Die Uhren haben.
einen andern Klang
Ich fühle ihre Stunden
auf mich schlagen
Wann wird es Tag
wann wird es endlich tagen

11

Sirenen erheben
die heulenden Stimmen
Laut übers Feld übers Feld
durch die Stadt hallt es
hallt durch den Wald
hallt himmelhoch
und trifft ins Mark

Ihr Klang bekannt
aus Kindertagen
dringt durch Mark und Bein
lässt Bomben fallen
und Feuerstürme
toben unten oben
und himmelweit

Sirenen verstummen
Die Bienen summen
Der Himmel ist blau
Herzschläge fallen
ermattet nieder und
weiße Wolken segeln
ins Blau

12

Das Foto in der Trauerhalle zeigt
ein fremdes Antlitz
überlebensgroß
von einem den wir kannten
doch nicht so

Wir stehen stumm
Versunken in sein Bild
Es steht auf Rosenblättern
eingerahmt von Kerzen
dicht bei dem Kreuz
an das er nicht geglaubt

Was suchen wir ihn hier
wo er nicht ist
und singen seiner
Urne Trauerlieder
in einer Sprache die
das Herz nicht kennt

Ihr weißen Kerzen
und ihr roten Blüten
Er war im Feuer und
der Rest ist Schweigen
vor einem Häufchen Asche
weiß wie Schnee

13

Gedanken fliegen
vogelfrei und leicht
werden Worte und
ecken an
grenzen aus und ein
wirken und werden
Tat
Füße folgen mühsam
Schritt für Schritt auch
Hände brauchen Zeit
aber sie bauen
Brücken

14

Unter stählernem Himmel
fließt unser heißes Verlangen
blutrot brodelt es pulst
in den Straßen der Stadt

Steine klagen uns an
Feuer und Wasser und Wind
Alle der Erde geschlagenen Wunden
wird heilen die Zeit

Doch kein Erbarmen wird sein
Mit uns unter stählernem Himmel
Die furchtbare Woge wird kommen
und wüten in jeglichem Haus

15

Der Feuervogel
steigt aus dem Glutnest
schüttelt die Flammenfedern
schwingt dann im Funkenflug
die züngelnden Flügel
bis der Feuerdorn glüht
die Gräser erglimmen
Sträucher winselnd auflodern
und verglühen
bis der Wald krachend
und knackend brüllend und
rauschend den Feuertod stirbt

Dann legt sich der
Feuervogel ins Gras
und ruht in der
wärmenden Asche

Inhalt

Lyrik im Treibgut Verlag

Patrick Woodford

Die Nacht befreit den Mond zum Leuchten

Poesie in Wort und Bild

ISBN 978-3-941175-94-5
64 Seiten, 22,00 €

Ursula Kramm Konowalow

Herzlinge

Gedichte und Texte

ISBN 978-3-941175-83-9
48 Seiten, 14,00 €

Barbara Weitzel
Kornelius Wilkens

ANSICHTEN IN STILLEM BLAU

Gedichte und Bilder

ISBN 978-3-947674-06-0
100 Seiten, 16,00 €

Gerd Bießmann

DIEBESGUT SIEHT MITGENOMMEN AUS

Wortspiele und anderer
Nonsens in Reimen

ISBN 978-3-947674-12-1
120 Seiten, 14,00 €

Jutta Pillat

**SÜSSHOLZ.
KUSSMUND.
TRÄUME.**

Gedichte und Briefe

ISBN 978-3-947674-01-5
88 Seiten, 13,00 €

Frauke Junker

SOMMERSEELENWENDE

Gedichte
mit Bildern und Fotos
von Irmgard Floeth

ISBN 978-3-941175-86-0
48 Seiten, 18,00 €